AF260018

STATUE

DE

NOTRE-DAME

DE

PONTOISE.

SE VEND AU PROFIT DE L'ÉGLISE.

Prix : 25 c.

IMPRIMERIE DE DUFEY, A PONTOISE.

1866

STATUE

DE

NOTRE-DAME DE PONTOISE.

Il existe dans l'église de Notre-Dame de Pontoise une statue en pierre mesurant deux mètres de hauteur. Elle représente la très-sainte Vierge tenant son divin Fils entre ses bras et foulant à ses pieds le dragon de l'Apocalypse.

Au jugement des archéologues, cette statue remonte au xiiie siècle et doit passer pour un chef-d'œuvre de la statuaire au moyen-âge.

Les nombreux miracles qui, depuis six siècles, se sont accomplis devant cette vénérable image, expliquent et justifient le culte tout particulier dont elle est encore l'objet.

D'après la tradition, elle serait l'œuvre d'un tout jeune homme qui l'aurait élaborée dans une carrière de Blangis, près Abbeville, au diocèse d'Amiens. On ignore l'époque précise et les circonstances de sa translation à Pontoise. La certitude historique ne commence qu'avec le xiiie siècle. L'historien de l'abbaye de Saint-Martin de Pontoise, Dom Estiennot, nous montre en effet les habitants du faubourg dit de la Foulerie, élevant, en 1226, une modeste chapelle destinée à recevoir la statue vénérée. Saint-Louis, qui habitait alors le château de Pontoise, se plaisait à venir prier dans l'humble sanctuaire qui, quelques années plus tard, fut remplacé par une église plus digne de sa piété et de celle de son peuple envers la Mère de Dieu. Cette nouvelle église fut érigée en paroisse par Odon Rigault, archevêque de Rouen, au mois de juillet 1249. A partir de cette époque, l'église de Notre-Dame voit affluer dans son sein de nombreux pèlerins qui, de tous les points de la province de Rouen, de la Picardie, de l'Ile de France et de la Brie, viennent demander des faveurs qui leur sont rarement refusées. Les grands de la terre, les princes et les rois suivent l'entraînement général. De là ces larges offrandes, ces richesses incomparables qui firent de l'église de Notre-Dame un sanctuaire digne d'envie et capable de tenter la cupidité anglaise.

Et en effet, en 1432, les Anglais viennent mettre le siége devant Pontoise. Expulsés de la citadelle, dont ils s'étaient emparés par surprise, ils se jettent avec une fureur sauvage sur l'abbaye de Saint-Martin et sur l'église de Notre-Dame. Après avoir pillé le riche trésor de ces deux églises, ils y commettent des horreurs sans nom et dignes, selon l'expression de dom Estiennot, d'une nation en tout point furieuse, barbare et farouche — *furor barbaræ sævæque alioquin gentis.* Le temple, quoique énergiquement défendu par les habitants du faubourg, tombe sous le marteau démolisseur des assaillants. Mais, par une protection visible du ciel, les Anglais s'arrêtent devant l'image sacrée, qui demeure intacte au milieu des ruines. Douze ans plus tard les Anglais se rendent de nouveau maîtres de Pontoise, et cette fois, voulant réparer leur impiété passée, ils s'empressent de rebâtir l'église qu'ils avaient pillée et démolie; déjà ils avaient élevé en grande partie la nef, le chœur et la tour, quand Charles VII vint leur enlever leur conquête. Les Français, vainqueurs, continuèrent l'œuvre réparatrice commencée par les Anglais, et l'église de Notre-Dame, calquée sur celle de Saint-Ouen, qu'on voit encore à Rouen, fut un des plus beaux sanctuaires de la chrétienté par l'ampleur de ses proportions et la richesse de son architecture. Plus tard, ce temple splendide fut l'objet d'une faveur exceptionnelle. Instruit des guérisons miraculeuses et des conversions inespérées qui s'opéraient fréquemment devant la sainte image, le pape Jules III, par une bulle en date du 19 janvier 1550, désigna l'église de Notre-Dame comme unique station du Jubilé de la même année pour toute la province de Rouen. L'affluence des pieux visiteurs fut telle, que dans la journée du 8 septembre on compta plus de cent mille pèlerins accourus de tous les points du Vexin français. Cette recrudescence de ferveur devait porter ombrage au protestantisme naissant et surexciter ses colères. Un des adeptes de Calvin, dans le but de faire cesser l'idolâtrie, comme on disait alors, crut sans doute accomplir un acte de haute piété en venant furtivement pendant la nuit devant la miraculeuse statue. D'un coup de marteau il abat la tête de l'enfant Jésus, et, fier de son exploit, va la jeter dans l'Oise. Mais le lendemain, le gardien du pont la retrouve dans son filet et la rapporte à Notre-Dame. On fit une procession expiatoire, et, au concours nombreux et empressé des fidèles qui la suivirent, l'impiété d'alors dut reconnaître que la violence n'est jamais un bon moyen pour obtenir le résultat qu'on se propose.

Quelques années plus tard, en 1580, la peste exerçait ses ravages à Paris, qui depuis quelques semaines seulement comptait déjà plus de trente mille victimes de la contagion. Les campagnes environnantes payèrent aussi largement leur tribut au fléau. Dans cette extrémité, nos pères eurent encore recours à celle qu'on n'invoque jamais en vain. Soixante villages se réunirent ensemble et vinrent, dans un même jour, s'agenouiller devant la statue de Notre-Dame de Pontoise, implorant avec une foi que l'adversité rend toujours plus vive, l'assistance de Marie, santé des malades et consolatrice des affligés.

Ce fléau n'était cependant que le prélude d'une épreuve

plus douloureuse encore. Le protestantisme était à la veille de porter ses fruits. Le propre du catholicisme est de rapprocher les esprits et les cœurs dans l'unité d'une même foi, d'une même espérance et d'un même amour. La Réforme, au contraire, avec son libre examen, désunit et divise. Après les discussions de doctrines devaient fatalement venir les discussions à coups de canon. La France, à cette époque désastreuse, vit donc, à la guerre contre l'étranger et à la peste, succéder la guerre civile, la guerre pour cause de religion. Pontoise, la ville de la piété envers la sainte Vierge, Pontoise était demeurée par cela même fidèle au drapeau catholique. Son importance, comme place de guerre et comme poste avancé de Paris, devait attirer sur elle et contre elle l'attention des huguenots. Henri III et le roi de Navarre vinrent donc l'assiéger avec une armée de trente mille hommes. Les assiégés se retranchèrent autour de l'église de Notre-Dame, qu'ils fortifièrent de leur mieux. On se battit pendant neuf jours avec un horrible acharnement de part et d'autre; mais, à la fin, la petite armée du duc de Mayenne, mal conduite et trahie, périt presque tout entière sous les ruines du temple ensanglanté; c'était le 30 juillet 1589. Cette fois encore, comme en 1432, la statue vénérée resta intacte et debout au milieu des décombres amoncelés.

Au point de vue qui nous occupe, ce qu'il y eut à regretter dans cet immense désastre, ce fut avant tout la perte de plusieurs pierres commémoratives, dont les inscriptions conservaient à la postérité le souvenir de la résurrection de plusieurs enfants mort-nés, et qui avaient recouvré la vie aux pieds de la sainte image. « Ah! périsse, s'écrie encore ici Dom Estiennot, périsse la mémoire de ceux qui ont fait périr celle de nos aïeux! » *Pereat memoria eorum per quos periit memoria majorum.* Après la ruine du sanctuaire, la statue miraculeuse, deux fois sauvée d'une ruine humainement inévitable, fut transportée, par les soins de Dom Regnault Lefébure, curé de Notre-Dame, dans l'antique abbaye de Saint-Martin, dont il était prieur. Elle y resta pendant dix ans

Le 16 avril 1599 on la rapporta dans la modeste église qui se voit encore aujourd'hui, et que l'on venait de reconstruire sur l'emplacement même et avec les débris de l'ancien sanctuaire.

Dès l'année suivante, Notre-Dame est encore choisie comme unique station du Jubilé séculaire pour la province de Rouen. Les pèlerinages, interrompus depuis plusieurs années, reprennent leur cours et sont suivis avec un empressement égal à celui des anciens jours. Aussi le ciel se plut-il à récompenser la ferveur de ses fidèles serviteurs. L'année 1630, surtout, est l'année féconde en prodiges. Cinq enfants mort-nés ressuscitent devant la miraculeuse image, et, l'année suivante, trois autres enfants participent à la même grâce.

Des miracles aussi éclatants étaient de nature à gagner la confiance des populations. On en vit un exemple mémorable en 1638. La peste, qui ravageait plusieurs villes de France, avait presque dépeuplé Pontoise. Les échevins qui restaient encore debout firent assembler dans leur salle de conseil le petit nombre d'ecclésiastiques et de bourgeois que le fléau avaient épargnés, et là, 18 août 1638, il fut arrêté que l'on ferait une procession générale à l'église de Notre-Dame, et qu'on se lierait envers la Sainte-Vierge par un vœu solennel et perpétuel. D'après la teneur de ce vœu, on devait faire brûler tous les ans trois flambeaux de cire au jour de la Nativité de la Sainte-Vierge et à celui de son Immaculée Conception; on s'interdisait l'usage des aliments gras la veille de cette dernière fête; on promettait également une image d'argent du prix de six cents livres, et enfin on prenait l'engagement de placer la statue de la Sainte-Vierge sur chacune des portes de la ville. Le vœu fut solennellement prononcé le huit septembre suivant, et, quelques jours plus tard, le fléau avait entièrement disparu. Fidèles à leur promesse, les habitants de Pontoise, au milieu d'une pompe sans égale, placèrent l'image de la Sainte-Vierge sur les trois principales portes de leur cité. Cet acte de foi et de reconnaissance fit une impression salutaire sur les populations voisines. Elles aussi voulurent se lier par des vœux envers la Sainte-Vierge, et vinrent tour-à-tour, chaque année, prier devant sa miraculeuse image.

Tous ces pèlerinages, avec des alternatives de ferveur et de refroidissement, se perpétuèrent sans interruption jusqu'à la révolution française.

Le 30 avril 1791, on apposa les scellés sur les portes de l'église de Notre-Dame, et le sanctuaire où avaient prié Louis XIII, Anne d'Autriche, Louis XIV et Louis XV, le sanctuaire où tant de générations illustres et de peuples fidèles avaient sollicité et obtenu du ciel les faveurs les plus signalées, fut converti en magasin à fourrages! Les richesses accumulées de deux siècles de foi furent données en pâture à la cupidité révolutionnaire. Tout fut enlevé et vendu au profit des patriotes. La vénérable image, respectée par les Anglais de 1432, épargnée par les huguenots de 1589, fut vendue à l'encan par les Français de 1791. Un pauvre cordonnier, ancien sacristain de Notre-Dame, s'en rendit acquéreur pour le prix de dix écus. Debise, c'était son nom, ne l'avait payée si cher que parce qu'il avait un concurrent acharné dans la personne d'un serrurier impie, lequel voulait faire de la miraculeuse statue une borne à sa porte.

Ainsi fut sauvé, pour la troisième fois, le précieux objet de la vénération des âges passés. Une fois en possession de son trésor, Debise en prit un soin tout particulier. Sa maison devint bientôt un oratoire où les âmes fidèles venaient prier en secret. Le comité révolutionnaire eut connaissance de ce qui se passait. Mais l'attitude décidée de Debise et l'énergie des cœurs vraiment catholiques, commandèrent le respect. On s'en tint à une proclamation ridicule et on ferma les yeux. Tant il est vrai de dire, avec un illustre écrivain, qu'il y a plus de puissance dans un grain de sable de foi que dans cent montagnes d'incrédulité. Les temps redevinrent meilleurs. Après de laborieuses démarches, les habitants du faubourg Notre-Dame obtinrent que leur sanctuaire fût rendu au culte. Alors on traita avec Debise pour le rachat de la précieuse statue, et, le soir du 4 octobre 1800, à la lueur des flambeaux, elle fut rapportée à son antique place, au milieu des accents joyeux de la population satisfaite.

Rentrée en possession d'elle-même, l'église de Notre-Dame continua d'être ce qu'elle avait été autrefois, l'asile et le refuge des âmes découragées et des cœurs attristés.

Les pèlerinages recommencèrent, et les paroisses, liées par d'anciens vœux, suivirent l'exemple de la cité reconnaissante. Jusqu'à ce jour, ces pieuses démonstrations de la foi catholique n'ont pas cessé. Le choléra de 1849, en venant éprouver les habitants de Pontoise, n'a fait que raviver leur confiance en la sainte Mère de Dieu. On s'est alors rappelé la peste de 1638, on s'est de nouveau adressé à Marie, santé des malades, et, comme en 1638, on a vu le fléau immédiatement cesser.

On a été plus loin; les anciennes portes de la ville avaient disparu, et avec elles les statues de la Sainte-Vierge qui les surmontaient. Grâce aux sentiments chrétiens d'une municipalité bienveillante et aux efforts intelligents du curé de la première paroisse de la ville, de M. l'abbé Drion, on a rétabli, depuis plusieurs années, aux trois principales entrées de la cité pontoisienne, les trois statues mentionnées dans le vœu de 1638. Une quatrième statue, coulée en fonte, et semblable aux trois premières, va prochainement figurer sur la place Notre-Dame et surmonter une fontaine publique. Trois fois honneur à la cité qui accepte ainsi publiquement Marie pour Patronne et pour Mère!

L'abbé D. MARCHAND,

Curé de Notre-Dame de Pontoise.

VŒU SOLENNEL

FAIT

A LA TRÈS-SAINTE VIERGE,

Par M. D'AGUILLENGUY,

Vicaire general de Pontoise

Au nom de ladite Ville, le 8ᵉ. Septembre 1638. Renouvellé par Mgr de Caulet, Évéque de Grenoble & Vicaire general de ladite Ville le 8 septembre 1726.

O Sainte Vierge, Mère de Dieu, refuge des affligez, nous nous adressons à vous avec Confiance pour présenter nos cœurs & nos vœux au Verbe Incarné dans vos chastes entrailles, et être délivrez par votre intercession toute puissante, du fleau de la contagion, Et par Vœu Solennel, Promettons à votre Divine maternité, trois flambeaux de cire blanche tous les ans, qui seront alluméz devant votre Auguste jmage, & portéz par les Échevins aux processions generalles qui se feront en cette Église à la feste de votre Nativité; & à celle de votre Immaculée Conception, la veille de laqu'elle nous garderons l'abstinence à perpétuité; De plus promettons vôtre Jmage en argent posée sur vne base avec vn titre en memoire des secours que nous esperons de votre bonté; & pour marque eternelle de nôtre sujestion, votre Effigie sera mise au dessus des portes de cette ville.

Recevez donc ô Serenissime Mère de grâce, les hommages que nous vous rendons pour être delivrez de cette maladie qui traverse les devotions deues à vôtre cher Fils et à Vous, Et daignez desormais recevoir sous votre protection specialle nôtre dite ville et faubourgs dans lesquelles vous êtes incessamment honorée.

PANESSAY.   Signé. F. DAGUILLENGUY, vicaire de Pontoise.   DEMONTIERS.
SORET.   B. GERBAUX, Curé de cette Église.   COSSART.

Par le Mandement

CRESPIN.

Cette Inscription ayant été brisée par des jmpies la nuit du dimanche 17 Mars dernier, a été retablie et reposée au même lieu & place, cejour-d'huy 8 Septembre 1737, à la Requeste de Messieurs JEAN FREDIN Maire, THOMAS FREDIN Notaire, HENRY CHAULIN Marchand, ECHEVINS & habitans de ladite ville, apres vne procession generalle jndiquée par Monsieur L'ABBÉ DU GUESCLIN Vicaire general de *Pontoise* en reparation de l'jnjure faite à la Sainte Vierge.

*Pièce du Comité Révolutionnaire, relative aux hommages rendus
à la miraculeuse Statue pendant la Révolution.*

« Liberté, Égalité, Fraternité. »

COMITÉ DE SURVEILLANCE

ET RÉVOLUTIONNAIRE

DU DISTRICT DE PONTOISE.

« Du 2e jour du 2e mois de l'an III de la République française une et
indivisible.

« Le Comité instruit que la statue cy devant placée à l'entrée de la cy
» devant église dite Notre-Dame ayant été achetée par un nommé De-
» bise, cordonnier en cette comune, lequel la fait placé dans un petit
» jardin, desrière la maison qu'il ocupe, et que depuis quelle y est placé, des
» fanatiques, et particulièrement des religieuses, se rendait en ce lieu, a
» charger trois de ses membres de surveiller ce lieu et d'instruire le Comité
» de ce qu'ils auront decouvert.

« Le Comité est aussy instruit que dans la plupart des comune de l'arron-
» dissement de ce district les habitant ne travaillent point les jours des
» cy devant Dimanches et festes, et meconnaissent absolument les jours de
» decade, ce mal commence a gagner en cette comune.

» Les membres composant le Comité. »

Suivent onze signatures.

DÉLIBÉRATION

Prise par les paroissiens de Notre-Dame,

DANS UNE ASSEMBLÉE GÉNÉRALE,

Pour traiter avec Debise au sujet du rachat de la Statue.

« Nous tous, habitants du faubourg et de la paroisse de Notre-Dame,
» soussignés,

» Vu que notre église, dédiée à la sainte Vierge, vient de nous être rendue

» par un décret du Préfet de Seine-et-Oise, pour l'exercice du culte, confor-
» mément à la loi;

» Que de temps immémorial, les habitants de cette commune, ainsi que
» ceux des communes environnantes, ont toujours eu grande dévotion à
» la sainte Vierge.

« Vu tous les bienfaits dont la sainte Vierge a comblé cette ville et tous les
» miracles opérés par son intercession, tant en sa faveur qu'en faveur d'un
» grand nombre de villages qui venaient chaque année lui en témoigner leur
» reconnaissance, d'après les vœux et les engagements sacrés qu'ils avaient
» formés à ce sujet; et que les deux processions de la ville, qui s'est mise
» sous la protection de la sainte Vierge, se sont toujours faites dans cette
» église;

» Voulant donner à tous les fidèles catholiques un témoignage authentique
» de notre attachement et de notre dévotion à la sainte Vierge, rendre à
» notre église sa première gloire et son ancienne célébrité; voulant que tous
» les chrétiens qui viendront y prier à l'avenir y retrouvent tous les motifs
» de confiance qu'avaient nos pères lorsqu'ils arrivaient la visiter;

» Avons arrêté :

» Que l'image de la sainte Vierge, placée autrefois sous le porche de
» l'église, et qui se trouve présentement chez le citoyen Debise, qui en
» a toujours eu un grand soin depuis qu'elle est en sa possession, sera
» rapportée, avec le consentement dudit Debise, et replacée dans l'église
» pour y être exposée à la vénération des fidèles.

» Et voulant donner au citoyen Debise un témoignage de notre recon-
» naissance, tant pour le don qu'il veut bien nous faire de la statue qui
» est devenue sa propriété, et des autres ornements qui ont servi au culte
» de la sainte image, que pour tous les soins religieux et le dévouement
» qu'il a mis à leur conservation, nous nous engageons, par le présent,
» à lui fournir chaque année, sa vie durant, et pareillement à Marie-Anne
» Magrimont, sa femme, si elle vient à lui survivre, trois septiers de blé,
» mesure de Pontoise, évalués à la somme de soixante-douze francs.

» De son côté, le citoyen Debise s'engage à remettre la sainte image
» aux Commissaires nommés par les paroissiens, pour être transportée
» dans l'église de Notre-Dame, et leur remettre également les ornements
» qui sont en sa possession et qui ont servi au culte de la statue.

» Les frais de transport seront à la charge des paroissiens soussignés,
» et les deniers nécessaires pour l'achat des trois septiers de blé seront
» pris dans la caisse servant à l'entretien de la ville.

» Le présent fait double entre nous et signé par les parties.

» Pontoise, le 23 septembre 1800. »

Suit un grand nombre de signatures.

PROCÈS-VERBAL

DU DEUXIÈME RENOUVELLEMENT SÉCULAIRE DU VŒU DE LA VILLE
DE PONTOISE, FAIT SOUS LA PRÉSIDENCE DE MONSEIGNEUR
L'ÉVÊQUE DE VERSAILLES, LE HUIT SEPTEMBRE
MIL HUIT CENT TRENTE-HUIT.

Nous, LOUIS-MARIE-EDMOND BLANQUART DE BAILLEUL,
*par la miséricorde divine et la grâce du Saint-Siége apostolique,
évêque de Versailles,*

Après nous être assuré que le vœu fait, l'an de grâce 1638, pour obtenir la cessation de la peste qui désolait alors la ville de Pontoise, devait être renouvelé cette année, par une solennité séculaire, et que tous les fidèles de cette ville seraient heureux de voir cette cérémonie consacrée par notre présence, cédant volontiers au désir général, et souhaitant célébrer avec piété le jour de la Nativité de Marie, qui est en même temps celui de notre naissance, nous nous sommes rendus en l'église érigée à Pontoise, au nom et sous la protection de la sainte Vierge, et là, prosterné devant une image célèbre et très-antique de la Mère de Dieu, portant dans notre cœur le souvenir d'une ville et d'un diocèse que nous chérissons, nous avons prononcé, en présence d'un nombreux clergé et d'un concours immense de fidèles, la formule de prière et d'engagement ci-jointe, dédiant, consacrant et dévouant pour toujours nous et notre troupeau à la bienheureuse Marie, Mère de Dieu.

O Marie, Vierge très-sainte et mon auguste souveraine, je me mets sous votre protection, et, par vous, je me jette avec confiance dans le sein de la divine miséricorde. Je vous confie tous les instants de ma vie, et surtout pour l'heure de ma mort, mon corps et mon âme et tout ce qui m'appartient. Daignez recevoir encore, ô ma tendre Mère, mes peines et mes craintes, mes consolations et mes espérances, afin que par votre puissante intercession et vos mérites, je n'aie dans toutes mes actions, pour seul et unique but, que votre bon plaisir et la sainte volonté de votre divin Fils. Ainsi soit-il.

Donné à Pontoise, le huit de septembre mil huit cent trente-huit.

† Signé LOUIS-MARIE,
Évêque de Versailles.

ANTIENNE

COMPOSÉE EN 1638, A L'OCCASION DE LA PESTE,
ET QUE L'ON CHANTE AUX JOURS DE PÈLERINAGE.

Stella Cœli exstirpavit,
Quæ lactavit Dominum,
Mortis pestem quam plantavit
Primus parens hominum.

Ipsa Stella nunc dignetur
Sidera compescere quorum
Bella plebem cœdunt diræ
Mortis ulcere.

O gloriosa Stella maris,
A peste succurre nobis.
Audi nos. Nam te Filius tuus,
Nihil negans, honorat,
Salva nos, Jesu, pro quibus
Mater te orat.

℣. Ora pro nobis, piissima Dei
genitrix,
℟. Quæ contrivisti caput serpentis,
auxiliare nobis.

L'Étoile céleste,
Nourricière du Seigneur,
A chassé la peste,
Ouvrage d'Adam pécheur.

Daigne le même Astre
Calmer le divin courroux
Qui, dans ce désastre,
Frappe un peuple de ses coups.

O de la mer Étoile glorieuse,
Délivrez-nous du terrible fléau,
Soyez l'appui de toute âme pieuse
Et montrez-vous secourable en
[nos maux.
Priez pour nous. Votre Fils vous
[honore
Et ne saurait vous donner un refus.
Et Vous, Seigneur, vous qu'une
[Mère implore,
Vous sauverez votre peuple, ô Jésus.

Priez pour nous, très-pieuse
Mère de Dieu,
Vous qui avez écrasé la tête du
serpent, secourez-nous.

OREMUS.

Deus misericordiæ, Deus pietatis, Deus indulgentiæ, qui misertus es super afflictionem populi tui, et dixisti Angelo percutienti populum tuum : Sufficit, nunc contine manum tuam ob amorem illius gloriosæ Stellæ cujus ubera pretiosa contrà venenum nostrorum delictorum dulciter suxisti.

Presta auxilium gratiæ tuæ ut ab omni peste et improvisâ morte liberemur, et à totius perditionis incursu misericorditer salvemur, per te, Jesu Christe, Rex Gloriæ, qui cum Patre et Spiritu Sancto vivis et regnas, Deus, in sæcula sæculorum. Amen.

PRIONS.

Dieu de miséricorde, Dieu de bonté, Dieu d'indulgence, qui avez eu pitié de votre peuple et avez dit à l'Ange qui le frappait : C'est assez, retenez maintenant votre main par amour pour cette glorieuse étoile dont vous avez avec une ineffable douceur sucé les précieuses mamelles pour y trouver comme un antidote contre le venin de nos iniquités.

Accordez-nous le secours de votre grâce, afin que nous soyons délivrés de toute peste et de toute mort imprévue, et que nous soyons miséricordieusement sauvés de toute occasion de perdition, par vous, ô Jésus-Christ, Roi de gloire, qui, étant Dieu, vivez et régnez avec le Père et le Saint-Esprit, dans les siècles des siècles. Ainsi soit-il.

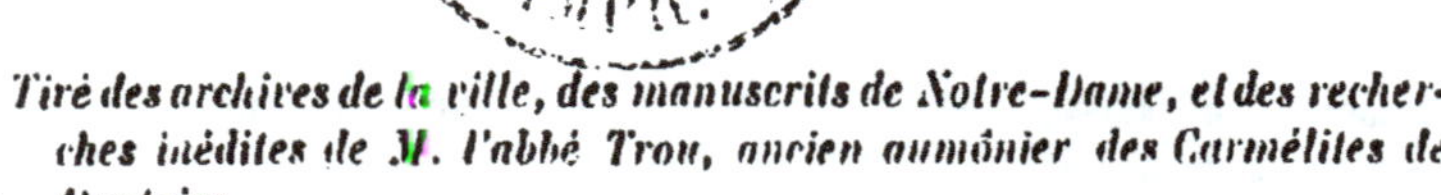

Tiré des archives de la ville, des manuscrits de Notre-Dame, et des recherches inédites de M. l'abbé Trou, ancien aumônier des Carmélites de Pontoise.

imprimerie de DUFEY, à Pontoise.